我在贵州等你

熊江睿　著

中国国际广播出版社

图书在版编目（CIP）数据

我在贵州等你 / 熊江睿著. -- 北京 : 中国国际广播出版社, 2017.11

ISBN 978-7-5078-4108-4

Ⅰ. ①我… Ⅱ. ①熊… Ⅲ. ①诗集—中国—当代 Ⅳ. ①I227

中国版本图书馆 CIP 数据核字（2017）第 264398 号

我在贵州等你

著　　者	熊江睿
责任编辑	郑凤杰
装帧设计	杨　鑫
责任校对	董金黄
出版发行	中国国际广播出版社[010-83139469 010-83139489(传真)]
社　　址	北京市西城区天宁寺前街 2 号北院 A 座一层 邮编：100055
网　　址	www.chirp.com.cn
经　　销	新华书店
印　　刷	北京市金星印务有限公司
开　　本	710×1000　1/16
字　　数	12 千字
印　　张	10.5
版　　次	2017 年 11 月 北京第 1 版
印　　次	2018 年 6 月 第 1 次印刷
定　　价	48.00 元

CRI 中国国际广播出版社　欢迎关注本社新浪官方微博　官方网站 www.chirp.cn

自序

写一首最美情诗在贵州等你

山有情，水有意。你在花旁，我在月下。黄果树瀑布高歌我们的情歌，梵净山挥洒我们的情诗。

用贵州的山、贵州的水、贵州的风土人情，写一首最美情诗在贵州等你，等你来在山中漫步、在水上谈情、在苗寨古村喝一碗爱情酒，品一壶茶心茶，唱一曲传情歌……

情诗里的贵州是最多彩，情诗里的你是最美丽，而情诗里的我则是最有情。我们在贵州相依相偎，我们在情诗里情定三生；我们在贵州携手白头，我们在情诗里天荒地老。

山挡不住我们相遇，水阻止不了我们相知，时间拆不散相守的你我，天地分不开相连的我你。我与你在贵州走过的脚印都是情诗里最美的诗行，我与你在贵州爬过的山川都是情诗里最美的诗境，我与你踏过的溪水都是情诗里最美的诗韵。

山高为伞，为你遮风挡雨；水长为裙，让你貌美如花；灯火如月，为你指明前路。在贵州，我用手里的笔，眼前的美景，心里的才情，为你写一首最美情诗。把诗里的温暖通过西江苗寨的灯火传递给你，把诗里的柔情通过荔波小七孔的碧波送给你，把诗里的爱恋通过草海的飞鸟寄给你，把诗里的浪漫通过百里杜鹃的花海展现给你，把诗里的思念通过镇远古镇的潺潺流水流给你……

日月轮回，我陪你度过黑白昼夜；四季变换，我陪你体验人间冷暖；天高地阔，我陪你共享美好年华。在贵州，以流淌的乌江水为墨，为你写一首最美情诗，把你的欢声笑语留在情诗里，任时光巡展，岁月播放，把你的美好年华留在情诗里，让容颜不老，幸福长存。

总之，我把贵州的美景美色、美丽风情写在情诗里给你，给你一个多彩而满含深情的贵州，给你一个最美的童话世界，给你一个最惬意的桃源生活和一首最美的情诗，让你迷恋一生，品读到老。

诗与远方，我与天涯，都在你那里；美景与真情，浪漫与风雅，都在我这里；天长与地久，陪伴与相守，都在时光里。

我在贵州等你，写一首情诗等你，等你来一起起舞欢歌。

我在贵州等你，写一首情诗等你，等你来一起游黔山秀水。

我在贵州等你，写一首情诗等你，等你来一起吃酸汤鱼、喝茅台酒。

我在贵州等你，写一首情诗等你，等你来一起笑谈风月，坐品毛尖翠芽。

我在贵州等你，写一首情诗等你，等你来共享美好年华，同度最美时光。

“情诗王子”熊江睿：

愿做诗歌的“情人”

罗涛

诗言志，歌言情。在贵州有位被网友称为“情诗王子”的诗人——熊江睿，他以“城市”为背景题材、以“思念”为主题创作的“爱城”系列思念情诗引起很大的关注，在各大网络平台阅读量高达100万人次，受到多家网络媒体的报道转载，近日记者走进了他的情诗创作世界，解读他的创作历程。

熊江睿，笔名：江楠，土家族。贵州媒体人、诗人，新媒体电影《梦想贵阳》制片人，诗歌代表作为“爱城”系列情诗。他说，诗歌创作是工作之余的一种信仰追寻，是自己对生活的升华和思想的触碰。他一直致力于中国传统古诗的意境、韵味与现代短诗的结合，追求一种既具有丰富的想象力和传承创新，又融合了中国古代诗歌的意境特性和真挚情感的艺术创作境界。

中国作家热线：您以“城市”为背景题材、“思念”为主题创作的“爱城”系列思念情诗在微博、博客、网站等平台受到很多网友的关注和喜爱，您为什么要创作这系列的“爱城”思念情诗呢？它的意义何在？

熊江睿：首先，爱情的话题是永恒的，爱情诗是最美的，古代有诗经、唐诗、宋词元曲等，今天有许多经典的爱情诗和流行歌曲，这是我为什么要写情诗的动机，就是希望把最美的爱情和最美的情诗融为一体，成为自己的作品。

其次，以“城市”为背景题材，因为城市是我们当代生活环境的主要标志，城市是我位置的背景，是我创作的故事发生地，具有非常丰富的爱情故事素材。

以爱情中的“思念”为主题，一方面是现在虽然恋爱自由、婚姻自由，但得到爱情的人并不多，反而是失去爱情的人变得越来越多。或因为年少轻狂，或因为不懂珍惜等因素而错过，导致有许多人在夜深人静或孤独的时候怀念过去，想念曾经和你一起走过的人，一起犯傻的人……写思念情诗就是想表达他们的心声，这是以“思念”为主题的原因之一。另一方面是从情诗创作领域来细分，情诗题材有许多类型，其中思念情诗就是其一。现在写情诗的人有很多，但可能专门写以“思念”为主题的情诗很少吧，并且写100首“思念情诗”的人目前很少。所以，我想在创作“思念情诗”领域找到属于自己的位置，想成为第一个创作“思念情诗”的创作者，这是一种探索和尝试，一种对诗歌创作的“市场细分”，也可以说是“思念情诗”创作的系统工程。

总之，永恒的爱情是我创作的核心，变幻多姿的城市爱情生活是我创作的源泉，思念情诗是我独特的表达方式。从2014年开始，“爱城”系列思念情诗每月坚持写3-5首，目前已经创作了近200首。

至于意义的话，可能是通过这种主题式的系列创作，对诗歌创作的一种工程式的探索和尝试，一种对诗歌创作的思考吧。

中国作家热线：“爱城”系列思念情诗在网上引起关注后，您被网友和媒体称为“情诗王子”，您是如何看待网友对你的评价？

熊江睿：“情诗王子”是网友给我的“标签”，是在调侃我，并不是荣誉，怕我在浩瀚的诗歌海洋里丢了，找不到我，所以给我个“外号”，便于找到我。

在文学创作近十年来，虽然有所收获和进步，但一直未找到自己的文学创作方向，恰好网友帮我找到了在文学领域创作位置和方向，即一个文学创作者的名片和“标签”。

说实话，在网友的启示下，我恍然大悟，让我明白——在浩瀚的文学世界里，每个文学创作者都有属于自己的位置，就像浩瀚的夜空中的星辰一样，每颗星星都有属于它自己的位置，就看你能否发现它，找到它。找到它，它适合你，你就可以发光，至于是否耀眼，还有很多不确定性的因素。找到了位置就是你创作的方向和目标，即定位，每个人都需要自己的定位，文学创作者也是一样，没有定位就没有特色，别人也无法识别你、认识你。

所以，我将把“情诗王子”这个“外号”当作一种发展定位，一个诗人创作的方向和目标，去努力、去靠近、去探索尝试，至于能否成为“情诗王子”，能否成功，不是我所能掌控和决定的，还需要很多因素。总之，只要努力去做，定会有收获。

中国作家热线：您说您的这100首情诗必须要在贵州创作完成，未完成这100首情诗你就不出贵州省，这原因何在？您把您出版的“爱城”系列思念情诗集最终命名为《我在贵州等你》，有什么特殊的含义没有？

熊江睿：贵州是生我养我的地方，有着丰富多彩的文化风情，有着奇山秀水的美丽风光，我以贵州的淳朴，我对贵州深情厚谊，用情诗之名写100首情诗送给贵州，让贵州的青山绿水更富有诗情画意，更具有浪漫色彩，让更多的人因景美而来贵州，因情深而常游贵州，因情诗赋予的浪漫而让年轻人向往贵州。

写不完100首情诗不出贵州，的确是我给自己定下的规矩，原因是我不想受到外面的思想观念以及各种诱惑的干扰和腐蚀，改变我原始的想法，我想用一颗贵州人淳朴的心，贵州人重义的情，贵州的山水赋予我的灵感，写出具有贵州味道的情诗。

每个贵州人都是贵州的宣传大使，都可用自己的方式宣传贵州、传播贵州、推介贵州，我想用“情诗＋旅游”构建一个“我在贵州等你”的贵州情结。这是我把诗集命名为《我在贵州等你》的主要原因，目的是做深做实做强“我在贵州等你”的文化旅游品牌宣传，成为宣传多彩贵州的一张靓丽名片。

中国作家热线：您提出的“情诗＋旅游”构想有什么现实意义没有？下一步将有什么创作计划没有？

熊江春：贵州是旅游大省，旅游业正在成为贵州最重要的支柱产业，“情诗＋旅游”的形式就是想通过“情感牌”宣传多彩贵州、最美贵州、风情贵州，打造成为一个年轻人向往和情感寄托的“爱情朝圣之地”！

至于下一步的话，希望不忘初心，砥砺前行，坚持创作，继续探索，在文学的世界里做诗歌的“情人”，在生活中做名有为青年。

来源：中国作家热线

目 录

第二卷　写一首最美情诗在贵州等你

第三卷　你走后我的世界兵荒马乱

第四卷　其他诗作

第一卷

在最美的年华遇见你

爱城·在最美的年华遇见你

在最美的年华遇见你
是我们前世种下的花朵

你为我花开
我为你花落

爱城·见面礼

遇见你的见面礼
就是心跳不已

我把嘴里的情话
用眼神说得一句无余

爱城·遇见陌生的你

天南地北地寻你
只为把这颗熟悉的心
寄给陌生的你

白天黑夜地与你一起
只想把陌生的你
变成熟悉的自己

同眠
同醒
同是唯一

爱城·看世间万物有你

风一不小心把你吹进我眼里
从此我眼里有了动人的风景

看灯火有情
望月色有爱
看世间万物有你

爱城·想在你的领地落叶归根

在纷繁的城市
于茫茫人海
我们像秋天飘零的落叶
相遇的瞬间即是离别的刹那

相互来不及问候
彼此来不及记忆
便各自飘零

唯有你的笑容和我的眼神
触动了心弦

想让内心厚实的土壤
滋养你这片飘零的落叶

想让红尘漂泊的我
在你的领地落叶归根

爱城·我们是情书里的最美诗篇

我和你最浪漫的事
就是以大地为书卷

路作笔　水为墨
在城里城外
山川之间　大海之边

我们每天走过的路程
就是在彼此的生命中
书写情书里最美的诗篇

爱城·在最美的字里行间相遇

在最美的文字间相见
仿佛是前世相约
一语一言
一笔一划
一段一行
皆成你如花的笑颜

在清晨或午后
你懂我
我读你
无需少语或多言
无需甜言或蜜语
无需山盟海誓或奋然相恋

只需在字里行间
有你有我有诗篇
和阳光照在窗前
相互静默地喜欢

爱城·你是我见过最美的玫瑰花

初见你
你如山间的雾纱
那么的纯白无瑕

再见你
你已蔓延到我的心城
像无数朵雪白的玫瑰花
盛开在我的楼顶墙瓦

从此我心有了牵挂
此生你是我见过最美的花

爱城·遇见你 我想把所有的年华虚度

不慢不快的相遇
不晚不早的相爱

遇见你
我想把所有的年华虚度
爱上你
我想和你活到地老天荒

与你
聆听风雨桥下的流水
和你
漫步古城墙里的小巷

爱城·愿你在我心里四海为家

从遇见你向靠近你
是一段走心的旅程

你看着我的笑容写下无字的情书
我走进你的脚步发出无声的情话

从此 我在你世界浪迹天涯
此后 你在我心里四海为家

从别离你到想念你
是一场从内心厮杀
至深夜孤军搏斗的战争

与离别战　内心慌乱
与思念战　万物皆黯
与往事征战　肝肠寸断

爱城·灯火阑珊 愿我们在黑夜相伴

在灯火辉煌的城市里
我们仿佛是夜里的灯

照亮了无数人的梦乡
也埋葬了无数人的梦乡

但愿我们像灯一样
相伴每个黑夜 迎接每个黎明

你熄我就灭
我明你便亮

爱城·你如同阳光

你如同阳光
每天赐予我力量
奔向远方

为你画一个美丽的花环
闪耀着爱的光芒

爱城·花开似你 让我入迷

借一杯酒
把思念迷醉在红尘里

却被一场细雨清醒在冬季
送给了春天

绿了大地 红了繁花
花开似你
让我入迷

爱城·你若为天 我便是地

你若为天穹
我定是大地

如果你下雨
我便用一片深海为你库存

如果你艳阳高照
我则用一片森林为你珍藏

如果你消失在黑夜
我就用一座城市的灯火
念你　等你

爱城·相见很晚 却能长伴

在纷繁的城市里
遇见你很晚也很短
但却可以和你
走过千条水
跨遍万重山

在滚滚红尘中
没有机会和你青梅竹马
却有时间与你白头到老
你不眠我不休

爱城·很想走进你的世界

看过的千城万景
却抵不过遇见你的一眼

很想走进你的世界
哪怕是出来的时候
浑身沾满思念

爱城·相遇相依

我们在风里相遇
像风一般走进对方心里
——悄无声息

我们在雨中相依
像雨一样滋润对方心田
——润物无声

我们在时光里相伴
像光一样温暖对方心灵
——形影不离

爱城·迷恋你世界的一亩花开

我能行千里万里
但始终走不进你咫尺心里

我能越千山万水
却始终越不出你一亩世界

不管是你在或不在
我始终像黄叶迷恋秋天
灯火迷恋城市一样——
迷恋你世界的山川秀水
和一亩花开

爱城·喜欢你就像城市喜欢灯火那么简单

喜欢你
就像城市喜欢万家灯火那么简单
夜夜着迷　天天思念

爱上你
就像树叶由绿变黄　那么自然
无需瞻前顾后　无需刻意雕琢
总是那么彻底　那么天衣无缝

想念你
就像春草春生　那么认真
即使不能满山遍野　甚至会枯萎
也要一年又一年的重生

爱城·遇见你 我走过了四季

好不容易走过被春风吹散的日子
却迎来被夏季雨水击打的时光

奋力度过漫长的风雨时节
却在秋天里遇上被霜枯萎的岁月
经受住了枯萎的岁月
却等来冰雪吞隐的季节

遇见你
我走过了春夏秋冬的四季
每走过一个时节
都有翻山越岭寻你的痕迹

爱城·你美得遥不可及

你捧着一城的灯火
依偎在我的窗前

我在睡梦中
把灯火看作星辰
把你看成最耀眼的明月

那么近 那么美
却又遥不可及

爱城·你是我的天空

你悄无声息地走进我的世界
我毫不犹豫地进入你的天空

你下雨
我淋雨

你飘雪
我吻雪

你晴空万里
我沐浴春光

爱城·十分想见

你也许从未谋面
你也许前世已相见
你也许时常出现
但我依然未见

或许是我靠得太近
或许是你走得太远
让彼此无法察觉

你也许从远方赶来
我或许正走向远方
共同期许
那场天长地久的见面

爱城·今生也要遇见你

把含苞欲放的心放进行囊
背着它走向你在的远方
安放在你的心房

爬山过水都遇不见你
心的归宿独自流浪
去千街万巷也未找到你
心便开始四处游荡

以为你在城里
我迷恋过城
以为你在山中
我留恋过山
以为你在水岸
我亲近过水

在城里
我成了众多人的过客
被灯火迷失过
在山中
众多人成了我的过客

被山伤过
在岸边
我停留在水的柔情里
被水沾染过

尽管——
脚下的步子已疲惫
心的行囊已破碎
自己已不那么完美
满身是伤痕
今生也要遇见你
与你相随余生

爱城·一见倾心

仅你那一笑的眼神
就像吻我一世的吻

爱城·情窦初开我初爱

你是红尘里的一杯酒
每见一次就醉一次

醉到满脸通红
醉到心跳不止

爱城·若你的气质储存在我脑海

你的气质一旦储存在我脑海
我那一片深海的爱意随之[illegible]来

思念汹涌澎湃
柔情细水长流

爱城·我们

初见　我们像风
悄无声息地吹到彼此耳边

我温柔了你眼里的稻田
你吹绿了我世界的春天
你欢喜　我着迷

又见　我们如雨
雷电交加地闯进对方森林

你轰轰烈烈　酣畅淋漓
我浩浩荡荡　奋不顾身

后来 我们如城市的灯
同熄同亮　同耀四方……

爱城·风中情深　雨里情真

我在雨中等风
是因为我以为
雨里的风中会有你的气息

我在风里等雨
是因为我觉得
风中的雨会把我的心事
送往远方

爱城·爱就爱一生

如果能够彼此相爱
即使虚度时光
也要地老天荒

爱城·傻笑成诗

翻开城市的纸页
思念镶嵌在字间里

灯火成了笔痕
堆起过往的记忆

画出你美丽的容颜
眺望你远去的方向
傻笑成诗

爱城 · 情深似海

你的柔情在我的天空打开一片蓝
我的思念却在你背后深藏一片海

在天与海的交界处
波涛汹涌

爱城·奋不顾身

在秋天里
你的笑容染红了秋叶
如风一般从我身旁飘过
我却在夜里
像雨一样奋不顾身地追随

从天空到大地
从山川到城市
从不食人间烟火
到沾染红尘万里
一直到天明

爱城·你的红唇

黄昏时分
我站在城市最高处
看见城市灯火通红
如你诱人的红唇一样
粘住了我这个过客

让我从此成为这座城市的常客
静静地望着你的红唇
满怀思念

爱城·跟风的人

许多人从眼前一览而过
唯有你想长留在我心里

你走在哪里
风就吹到哪里

风吹到哪里
哪里就有一片繁花……

爱城·我是你身后的明月

你离去的背影如斜阳
我目送你的眼光如月光

你离去时送了一片黑暗给我
我却提着满天的星辰
和一城的灯火
照亮你离去的远方

爱城·你是我世界的太阳

你是我世界的太阳
当你黯然离场时
我的世界失去了光明

爱城·她

雨下了
她在银光里
撑开一朵玫瑰花

爱城·你我缘尘

我坐在黄昏里
写尽繁华故事
却写不出自己的心事

你站在晨光里
阅尽千山万水
却读不懂我的一湾柔情

我站在金色的秋天里
画美了你的容颜
却画不来你的心田

你转身离去的距离
成了思念蔓延的直径
你越走越远
思念就会画得越大越圆

爱城·三行情诗

你从下雨的天空路过我世界
从此我迷恋上了下雨的季节

自从我在你世界走过后
我就开始在我的世界流浪

你要走了
我画地为牢想把你留下

爱城·思念如胡须

思念如胡须
不管你怎么刮
始终都抹不去

要么露在脸上
要么藏于心里

任风雨蹉跎
岁月雕抹

第二卷

写一首最美情诗在贵州等你

爱城·苗寨花开

一盏一盏的灯照亮苗寨
仿佛是一朵一朵的花盛开

你的笑容成了花瓣
美了镶嵌在时光里的风铃

敲响起小桥流水的钟声
把种在酒里的粒粒相思唤醒

从寨里醉到寨外
醉了往事尘埃
醉到春暖花开

爱城·草海飞雪

下雪了
躲在漫天飞雪里
我想变成一片雪花

落在你双肩　纯白无暇
陪在你身边　安安静静

来的时候　不快不慢
去的时候　不悲不欢

爱城·花落成溪我在想你

在花溪最美的季节
思念把秋天染黄
一片一片落在我肩上

当风吹过来的时候
一片一片波光泛起一片一片秋叶
向远方

我听到了一种呼吸——
花落成溪
我在想你

爱城·万峰林为我们写情书

我们牵着手在大地谈恋爱
万峰成林作笔
在天空中书写一封封情书

夜晚你只需听
月亮或星星会为你翻读
白天你只管看
太阳或云朵将为你打开

万峰林为我们书写情书
我们只需手牵着手
走进峰林

爱城·沙湾姑娘

我带着城市风尘
一步一步走向你世界
你拨开云雾
打开一扇一扇的山门迎接

在山水间
你等着沾染红尘的我
我追寻与世无争的你

你把心意化作云雾气息
悄悄地润进我身心

我将心事付于溪流甘甜
缓缓地流向你心间

就这样　不慢不快的相遇
就这样　不晚不早的相爱

在秋季　与你
聆听古银杏树下的流水

于黄昏　和我
漫步沙湾古寨里的小巷

我走进你
你心花怒放——
为我盛开万亩杜鹃花的天堂

你走进我
我想虚度所有的年华时光
与你活到地老天荒

爱城·屯堡情缘

带着思念穿越明朝的城墙
听见吴三桂对陈圆圆的爱情告白

你起舞欢歌只为博我一笑
你风雨无阻只为与我同行

我率千军万马只为送你一程
我打万里江山只为陪你一生

今夜　在这里
一砖一瓦都盖满了往事尘埃
一分一秒都有想念你的呼吸

想念你的呼吸犹如小桥流水的声音
绵绵不绝

不分年轮岁月和季节
静静地流淌在月光里

爱城·爱若瀑布情深

如果我确定爱你
我将像瀑布一样
以最美的姿态
扑向你的胸怀
——
不管是悬崖
还是峭壁
甚至粉身碎骨
我都义无反顾

如果我确定爱你
我将像瀑布一样
以最圣洁的心
奔向你的世界
——
不管是深潭
还是浅滩
最终难以自拔
我都心甘情愿

如果我确定爱你
爱便像瀑布一样
用悬崖的高度
和水的柔情
在你平凡的世界
腾起浪浪水波
——
有时如彩虹
有时如花
追随到天涯

爱城·写好万卷情书在梵净山等你

风吹动金黄色的稻田
储存许久的思念惹红了秋叶
砌成你通往梵净山顶的万步云梯

你每走一步
我的思念散去一步
化作雾
静静地为你开路

让你走到蘑菇石之巅
翻阅我为你书写的万卷情书

爱城·相遇在秋天

快一步会走进冬天
慢一步会停留在夏季

总是以不慢不快的脚步
相遇在小城泛黄的秋天

仅你一眼我一眼的时光
把整个秋天的美景藏在我们的距离里

仅你一笑我一笑的瞬间
把秋天最美的画面储存在我们的视线里

无需多言或少语
风会把甜言蜜语吹进眼波

无需假装掩饰或刻意主动
漫天的黄叶会把信笺寄到心田

你一转身
我把一天的时光聚集在你背影中

你一回头

我把一生的喜悦流露在目光里

爱城·天荒地老

你进城时
我用一座城市的灯火迎接

你出城时
我借一轮明月送别

在城里
我用柔情与你相伴到天荒

在城外
我用山川和你相随到地老

爱城·城就是思念

我在这座城市的记忆
便是你留给我的思念

犹如城困住山一样困着我
永远无法自拔

爱城·为你筑一座城

我为你筑一座城
你走的时候被思念填满
你来的时候思念散去

爱城·一见情深

在乌江水岸
山川之间
你我素未谋面
仅因你深情的一眼
我却荡起了一江思念

当黎明来临的瞬间
第一个提着炊烟
为你拉开一片蔚蓝

爱城·在贵阳将有一场别离

繁华落幕皆为过客
即便遇见也将错过

因为在城市相遇
如同在天涯路过

爱城·春雨落城

春雨落城
屋檐下的雨声似马蹄声
踢踏踢踏地闯进异乡
寻故乡

此时思念如雨
慌乱急促

爱城·遵义夜空

我可以在你的笑容里寻欢作乐
也可以在你思念中颠沛流离

爱城·山野小屋

虽然眼睛总是凝望着远方的天空之城
但心里始终想念与你一起的山野小屋
温暖时光

遇见你有山川为证
拥抱你有晚霞相伴

就这样
看车来车往　观云卷云舒
听雨落雨息　任花开花落

第三卷

你走后我的世界兵荒马乱

爱城·你走后 我的世界兵荒马乱

你走后
我的世界兵荒马乱

身被烈酒入侵
心被思念攻占

人被万家灯火追赶
从此孤身逃难

爱城·念你成雪

自从在春天相遇
我便在你的笑容里度过整个夏季

自从在盛夏约见
爱念便在秋夜里成月
看你 看我
入迷

自从在深秋离别
思念在冬季里成雪
盼你 怨我
成冰

爱城·你似雪 白了我世界

你悄无声息地走进我的世界
我毫不犹豫地进入你的天空
当我卸下红尘
忘掉自己
凝成冰峰
与你一起白头时
你却不告而别……

我在人间遇见你
你似雪
白了我世界

爱城·念你四季如春

回不去的城如同留不住的爱情
思念即使在冬季也犹若在春天

秋染不黄冬枯不萎
岁月红尘也抹不去

爱城·思念之夜

一声雷　让我从思念中醒来
一场雨　让我迷睡在思念里

爱城·过客之恋

我还没有来得及迎接
你就走完了我的世界

爱城·当你放下我时　我会彷徨流浪

当天空放下白云时
白云会碎成雨　流浪人间

当秋天放下落叶时
落叶会随风飘零

当你在九月时光放下我时
我会彷徨流浪

我会在秋天里
念你一年四季

当有一天我放下心中执念时
我会随波浮沉

穿越城市河流
越过万里江山
和千年时光

去忘记你微笑的脸庞
你在的远方

爱城·爱到挥手远行

背着往事行囊
走到深秋最黄的地方
我们即将挥手远行

你往天最蓝的海边走去
我向地最绿的山川出发

此时没有半句情话
总想把一生的叮咛话语说给对方

此时没有半点恨怨
总想把一生的好运交给对方

总有说不完的道别
讲不够的祝福
只希望在远行途中一路顺风

天黑有住　下雨有伞
口渴有水喝　饿了有饭吃
累了有依靠

爱城·你在我笑容里转身

最遗憾的不是无数次擦肩而过
而是无数次偶然相遇后的离别
你在我笑容里转身
我在你模糊的背影中离去

最幸福的是经过无数次擦肩而过
无数次的相遇离别
你转身我还在那里
我回头你也还在那里

错过千万次
别离无数回
依然能牵手相依

爱城·愿你走去的天空没有风尘

明天　你将从我的城门离去
今夜　我策划了一场冬雪

为你远去的天空抹去所有尘埃
在你脚下的前方覆盖所有尘杂

愿你走去的天空没有风尘
愿你前方的道路纯白无暇

爱城·前行是路

既然往事成风
就应像风一样潇洒
不留恋已吹过的风景

既然决定冒雨前行
就该像雨一般洒脱
不迷恋身后的天空

既然选择了城市
就应该忘掉山川峰峦
习惯城市的灯火通明

爱城·假装有一个人是你

天空变冷了

我躲在思念里不肯出来
因为怕我出来后　想不起你的样子

流浪在城市的灯红酒绿里
假装有一个人是你

爱城·心在天空亮起灯等你

天要黑了
你要走了

眼睛模糊了
看不见了

心却在天空亮起灯等你
因为怕你看不见回来的路
或是在远去的路上太孤独

爱城·无处安放

夜晚的灯是城市的心
灯没了城市会无处安放
城市没了灯会虚无空荡

我变成你想要的模样
你却远走了他乡

你在他乡是否和我一样
心不断地流离失所
爱不停地乞讨流浪

爱城·活在别人的世界

想在冬季寻找一双温暖的手
结果冻在了寒风中

想在雾里寻找一个可爱的笑容
结果模糊了自己的真容

从此从一个幻想
走进另一个幻觉

一点一点丢掉自我
活在别人的世界

然后在灯红酒绿中
找一个同样的人

你陪我迷醉
我陪你睡醒

爱城·爱的人

爱的人
在一起毫无知觉
因为自然

不在一起便十分想念
因为不自然

爱城·雨停过后我为你准备了满天星光

你把秋叶堆成了花瓣
我带着夏季的汗珠走向你潮湿的世界

我在风的气息中迎接到你的温柔
你在雨的呐喊里走过了我的山丘

风息雨过后
你用一城的灯火点亮了
我为你准备的满天星光

爱城·误以为爱情

误以为
等来了春天就能享受温暖
误以为
经历了风雨就能遇见晴天
误以为
远离尘杂就不会沾染红尘

误以为
遇见了你就遇见了爱情
误以为
奋不顾身就会换取真心
误以为
相爱后便可以风雨无阻

误以为
在一起便可以天长地久
误以为
为你放下一切就会幸福

误以为
爱在春天……

爱城·七月时光

有时候还真的不知道
是你离开了我的世界
还是我走出了你的天空

总感觉是那么地自然
却又那么地不习惯

爱城·空空如也

本以为你走后我的世界会空空如也
没想到被思念挤占得毫无空缺

你离开了多少天
思念便霸占了多少天

爱城·把灯火想象成你的红唇

小雨滴滴地下到了
夜深人静

我把河岸两旁的灯火
想象成你的红唇

让思念奋不顾身地
去亲吻

爱城·灯火若珠 思念成线

夜里亮着的街灯
犹如无数颗镶嵌在城市的珍珠

你若是远行　爱恋成线
将它串成一条牵住你我的项链
伴你随行　陪在我身边

你若是离开　思念成线
也将它串成一条金色的项链
闪烁在浩瀚的星空
囚困我每一个夜晚

爱城·既然

既然选择了万家灯火
就应该承受城市的喧嚣

既然选择了独处
就应该习惯与星辰分享孤独

既然选择了远方
就无须在意脚下的雪雨风霜

爱你也是如此
你来时　我奋不顾身
你去时　我默默祝福

爱城·坠入你的山河用思念疗伤

自从你走进我的城市后
我便奋不顾身地奔向你的山河

一直以为你的山河是人间仙境
可以脱离红尘
远离世俗
与你长相厮守　地老天荒

没想到坠入你的山河峭谷
摔得遍体鳞伤

孤身回到红尘深处
用思念和烈酒疗养

爱城·眼里开花

你从我身旁走远的风景
成了我一生最向往的旅行

你转身离开的瞬间
我眼里所有的花朵为你盛开

爱城·思念为你而生

从你转身的那一刻起
便是思念野蛮生长的开始

你远去的地方
就是思念蔓延的方向
你远去的距离
成了思念蔓延的直径

在四季里
美了春天
肥了夏季
乱了金秋细雨
瘦了冰冬大地

爱城·当爱情老去的时候

当爱情老去的时候
极像一杯喝不完的酒
沉迷最深的人成了酒鬼
总是不知不觉地
在爱的世界迷醉

有你
醉得像花儿一样天真
无你
醉得如同城市灯火般
闪烁迷离

爱在时
把天涯看成了家
爱不在时
把家醉成了天涯

爱城·思念仿佛是夜间绽放的花朵

思念仿佛是夜间绽放的花
冰冷而高贵优雅
让人伤感而又惹人喜欢

每当夜幕降临的时候
我行走在城市的灯火里
如同花农在田间忙碌

把星星当作雨珠
把明月当作盆壶
把孤独和伤愁当作养料
不停地浇灌着那朵
常开常谢的花

爱城·各安天涯 山水相依

你在我远方
我也在你远方

我们无法彼此走近
却也无法分离

因为我看着山牵挂
你对着水惆怅

不管是命中注定也好
还是红尘过客也罢

只愿你我
各安天涯 山水相依
流水情长

爱城·封存的思念

封存的思念
在心里如洞藏的酒

今夜被城市掀开
醉了全世界

爱城·把爱沏成一壶茶

心若一座空城
我在灯火阑珊处
把爱沏成一壶茶
等你来饮

从春天等到冬天
你却迟迟未归

爱成了思念
爬满了茶杯
让我独自而饮
醉了心扉

爱城·等待你的归期

霓虹灯下
酒把思念灌醉

迷睡在城市中央
若秋叶随风摆动

爱城·思念如风

在春天里
思念如风
吹绿了整个世界

我荒凉的沙漠
盛开的花朵
是你美丽的容颜
与我一起同眠

爱城·桥梁

不管是黑夜还是白天
车道如线的牵住
相隔两地的思念

爱城·思念如弦

思念如弦
把月儿拉弯
全世界唯一的光环

爱城·十分想念你

当空中弥漫着你的思念后
无论走在哪里呼吸都不自然

遇见你等于遇见了空气
看不见闻不见
却十分想念

爱城·下雪了 你是否安好

思念宁愿在金秋里与风霜缠绵
也不愿意在寒冬中和大地沉眠

我将它逐出地之外的苍穹
与日月星辰同住

它却和漫天飞雪长相厮守
共浴乾坤

让我的这座城市
成为人世间最大的浴缸

请问——
你在的那座城市
也是如此吗

爱城·你未归来 思念不肯入冬

时间迷糊了你我的背影
却风化不了你我的记忆

我抱着记忆躲在思念里
寻觅那份曾经相拥的体温

驱散这冬季冰冷的晨雾
重走你离去的脚步
让思念入冬

爱城·思念成墨

久等的思念酿成墨
傍晚的灯铺开城市的纸卷

我站在城市的高峰
以这缠绵的秋雨为笔
画你美丽的容颜

每画一笔的墨痕
都是曾经的过往

爱城·思念如期而至

我以为我已经把思念
深埋在这万山金黄的秋天里
没想到思念却像城市的灯火一样

每当黄昏时刻
不管是雪雨风霜
还是满天星辰
都如期而至的照亮着城市
彻夜灯火通明……

爱城·一世痴情

花开的日子
我的一世痴情
抵不过你转身一别

花落的季节
我的万罐情思
停不了漫天秋雨

花沉眠的时季
我矗立在思念之巅
等一场狂风暴雪
了断我一生的情结
掩埋我这一世钟情
永远与花沉眠

爱城·柔情似水

囤了一腔的柔情
等你来共浴

却等来了一夜的思念
散落进湖底

被月亮舀了一瓢给黑夜
让黑夜也无眠

爱城·思念在雨里哭了一夜

你只叫风把窗户打开
却不叫雨把思念带走

害得思念对着我
哭个不停……

爱城·思念如棉被

当你走后
思念如棉被

在每个冬天的夜晚
紧紧地把我裹住

让我沉睡在思念里
温暖着孤寂的心灵

爱城·爱已成冰

寒风吹散了这座城市的温度
让爱成冰

冰冻了我前行的身躯
凝固在城市里
慢慢地被思念融化

爱城·为你封山育林

回不去的城如同留不住的爱情
即使在冬季也犹若在春天

你徒留的那片荒漠
念你成林　四季如春

秋染不黄冬枯不萎
岁月红尘也抹不去

守候这片地的主人
他叫思念
一直在我心灵的沙漠
为你封山育林

爱城·雪花漫天 思念满地

漫天的雪花坠入了双眼
凝固许久的泪水被打碎
滑出思念的眼泪

随雪满地
化作白玫

爱城·抽烟

抽着一支烟
嚼着思念的味

仰望天空
幻影成烟……

爱城·日月悲歌

你是我世界的太阳
我是你身后的明月

你离去时给我一片黑暗
我离开时给你一个人间

爱城·今夜雨滴声声

提笔　雨声
落笔　雨声

中间　思念
填满了整个世界

爱城·我在山里　你在海边

我在山里　你在海边
你把海边的潮水送给斜阳
点亮了我这座城市的灯

它仿佛是你看我的眼睛
让我夜夜着迷

我把山里的斜阳送给了大海
起起落落的潮水声
是我在灯火阑珊处想你的呼吸

爱城·落花时节

花开时节
春雨微微
花里藏着雨露
极像离人泪水

在风中
似飞花飞雪……
扑进我世界

爱城·下雪了

下雪了
我躲在漫天飞雪里
把往事堆成了你

爱城·我在灯火阑珊处等你

每当夜幕降临的时候
我总是把城市的每一盏灯点亮
因为我害怕你来时的路已经漆黑

每当夜深人静的时候
我总是把每一盏灯
用思念浇灌成每一朵盛开的花

从我的城　盛开到你的城
与金色的深秋媲美

爱城·在秋天想念的那个人

一车一车的心事从城市运往秋天
道别金色的稻田
奔向万山金黄的世界

你会发现
当你在秋天想念的那个人
那个人已经消失在春季里

离去的路已折叠成黄叶
等待下一个季节

爱城·酒中春雨

你常常把酒精当成春雨
在城市的灯火中
淋湿了我整个夏夜

我们在沟壑纵横的金秋里
把万物情丝凝结成珍珠雨露
送给初春里的每一个黎明

爱城·无能为力

熟悉的城市却成了陌生的人
一端起酒杯就想醉到天明

即使有一天回到原点
发现除了位置不变以外

时间与季节
风和景　你与我
都已经变了
总感觉有些苍老
和无能为力

爱城·岁月长情

我把秋天当作一场回忆
你是秋天里的一片落叶

落在我手心
停留在我心间

我的世界不断被你染成秋色
如灯火灿烂　稻田金黄
和万山黄叶绽放般美丽

那么自然而然
但却又那么无能为力

因为时光短暂
无法留住岁月长情
美好的一切

爱城·原以为我的世界已经被你带走

当雨滴落在身上的时候
才发现世界离我如此近

原以为
我的世界已经被你带走

爱城·城市下雨的天空

有时候　在城市下雨的天空
如同走进一个满是酒味的世界
不知不觉地迷糊了自己

想远行却醉在原地
在原地却晃晃悠悠地说着去远方

结果我看不清你
你也模糊了我
我们成了彼此的远方

爱城·城市就是红尘

在城市待久了
爱情没了归途
你在城市中迷了路
我也迷失在城市里

有时候总是在幻想——
当明月升起的时候
我用一城的灯火
照亮你归来的路

不管你是否已经苍老
或者遍体鳞伤
我都用最美的花朵迎接

爱城·如果爱情能来

如果爱情能来
再长的路
也阻挡不了相遇的脚步

如果爱会在
再小的风
也能激起我对你的热情澎湃
再大的雨
也剪不断你对我的风情万种

如果爱能守候
再远的距离
也能感受到彼此的热情与温柔
再迷离的黄昏
也能在人群中看清双方的面容

如果爱是真心
再长的岁月
也抹不平那颗怦然心动
默然相守的心

爱城·今生今世 彼此相依

我们彼此都带着完整的自己
在最美的年华寻找彼此
当真正遇见彼此时
发现已不那么完整

我历经了风霜
你也走过风雨
我有了故事
你有了伤痕

尽管如此
彼此仍然清楚知道——
你是我今生找的那个人
我是你今世寻的那个人

从此——
今生不为城市繁华所动
今世只为彼此深情所依
不看山不近水不染红尘

只管——

今生今世彼此相依

来生来世彼此相遇

爱城·今生今世

今生
我宁愿平淡无奇的生活在你的笑容里
也不愿意今世与你相隔天涯

日日夜夜苟活在最美的思念中
与风阔谈远方的佳期如梦
和雨低吟灯火阑珊处的似水柔情

爱城·思成山 念成水

欲借这一城的灯火辉煌
叠成通向心灵的红毯大道

让你在万人炫耀中
走进我内心深处
看看为你储存的思念

如山却比山青
似水却比水绿
胜过人间老酒

爱城·你我红尘

在繁华深处
你我已模糊
在梦想边缘
你我逐渐远去

我想撑一把红伞
像一朵盛开的玫瑰
为你遮风挡雨
把霓虹挡住
让你消失在红尘里
走进我的眼幕

爱城·你若有情 我便深爱

你若为我打开一片蓝天

我将用一片深海的爱追随 你身后

爱城·来不及仰望

在这座城邦
你若流星划过
我还来不及仰望
你却黯然离场

留下满天思念
如星辰一样

爱城·即将三十岁的我

即将三十岁的我
在爱的深海成魔
每天靠吸着往事的血存活

一边感叹岁月如梭 物是人非
一边在月光烂漫下举杯沦落

一边高谈阔论 志存高远
一边在阳光灿烂里徘徊苟活

第四卷

其他诗作

爱城·我与我的祖国

我的梦被风吹绿
茁壮在美丽的春天里
铺向远方的荒漠
根与岩石在一起
守候着祖国的大地

我的心被雨润红
如花一样盛开在晨光中
干与山川相融
让祖国的江山翠茸茸

我的灵魂被太阳照亮
仰望空旷的天空
叶与云在一起
守候着祖国的苍穹

爱城·鲁迅

笔尖划破乌云
世间有了光明

爱城·诗人

心奔驰在笔尖
若雷电掠过苍穹
大地瞬间照亮
那是梦的呐喊

爱城·赠诗人王竞成

在黑夜里　他
宛如银河里的一片雪花
落在黄河的浪花尖上
寻找诗里的灵光
照亮燕山的灯

爱城·孤岛

人在城市
心却是一个孤岛
最远的距离
却是人民币的距离
最近的相遇
却是楼与楼的独立

爱城·黑与白

白天我穿着衣服
晚上我全身裸体
到底谁才是我自己
影子在城市寻觅
城市心灵的钥匙

爱城·人

人啊　像烟一样
来的时候轻　去的时候也轻
就是中间的时候复杂

爱城·寒冷的冬天

雪
轻柔地黏湿了我的唇
想躲进另一个温暖的世界
控告现实的恶劣

爱城 · 深邃的眸

黑夜迷糊的双眸
一切存在的风景消失在窗口
刚抬头却又低头

评 价

诗人熊江睿，20多岁，媒体人，少言，内敛。诗歌却有一种摄人心魄的轻灵美……在这浮躁的当下，还这样潜心作诗。诗作这样干净，这样纯粹，真难得。（原《贵州商报》副总编辑胡燕妮）

熊江睿的情诗让我看到了，60年代70年代父母们那时候的爱情。他们不会被物质生活所影响，他们追寻的是自己心中的爱。一起承担苦与乐，不会背叛对方，不会抛弃对方。都能为对方倾其所有，倾其一生，忠于一生。（罗顺仙）

读到熊江睿的《爱城·各安天涯 山水相依》，让我更懂得，即便“所爱隔山海”，却也“山海亦可平”。有人说：“因为一个人，爱上一座城，”我想，爱的那一座城，爱那城里的一个人，俱在远方，或许就契合“各安天涯，山水相依”吧！（马致慧）

读熊江睿的情诗《爱城·想走进你的世界》，如同我走进你的世界又离开，我在来的路上，翻山越岭，艰难前行，荆棘划破了脸颊，石砾割伤了脚掌。好不容易，进入你的领域，不曾想你的世界迷雾重重、蜿蜒曲折，只能隐约看见白色的衣角。（万桔萍）

你走后，我的世界从此兵荒马乱。有你，是人间；无你，是荒野。你在，我们可以把酒言欢，促膝长谈；我在，只能借酒消愁，然后独自想你，一直想你。（郭婷婷）

最好的爱情——原来你也在这里

刘正美

爱情，从来就是可遇而不可求的。历代以来，爱情都是文人笔下的宠儿。翻开一部部墨香满溢的书籍，字里行间，可以体会到爱情让人沉迷的甜蜜，也可以感受到让人撕心裂肺的疼痛。生活，事业，把自己紧紧围住，完全没有自由呼吸的空间。而对爱情，似乎觉得变成了镜中花，水中月，没有了期盼，唯有在梦里可以幻见。一个偶然的机会，结识了“情诗王子”江楠——熊江睿的文字，不由得被他坚持写爱情诗的精神所感动，也感慨于在这纷繁尘世，还有人对爱情抱着如此执着、真诚的态度，心内酣然。读完了他目前公开发表的诗歌，觉得收获良多。在他诸多具体可感的诗作里，我仿佛看到了爱情本该具有的样子。

爱是一场美好的相遇。纳兰容若的名句“人生若只如初见”，道出了多少在爱情里浮沉的人们的心声。在《一见情深》里，乌江水流潺潺，隔江而望的两人，一见情深。真可谓情不知所起，一往而情深。在《一见倾心》里，“仅你那一笑的眼神，就像吻我一世的吻”。字里行间，初见之喜悦，跃然纸上。

月有阴晴圆缺，人有悲欢离合。没有一场遇见，是为了分离。但是，没有谁能保证遇见，就会是永恒。所以，在江楠的诗作里，分离总是难免。在《各安天涯山水相依》里，“不管是命中注定也好 / 还是红尘过客也罢 / 只愿你我 各安天涯 / 山水相依 流水情长”，颇有种《诗经》里哀而不伤的表达。

思念，来的总是那么让人猝不及防。爱情是一场无法停止的暴风雨。无论是初见时的相思，还是分离后的怀念，总是让人揪心万分。在《思念之夜》，“一声雷，让我从思念中醒来；一场雨，让我迷睡在思念里”。雷声警醒，雨声缠绵。而思念在雷雨交加的夜晚，行踪不定。在《为你筑一座城》里，“你走的时候被思念填满，你来的时候思念散去”。城成了思念的载体，在思念与怀念里逐渐筑牢爱的城墙。

爱情的颜色五彩缤纷，爱情有雪花的纯白憧憬。《念你成雪》，相遇在春天，欢笑整个夏天，爱在秋月分别也在秋月，至此，“思念在冬季里成雪”，冰封彼此，却也带着一种期盼。在《你似雪白了我世界》里，当“我卸下红尘 / 忘掉自己 / 凝成冰封 / 与你一起白头时 / 你却不告而别”，你似雪，只是似雪，白了我的世界，却没能白头。雪是世间的精灵，当它洒落人间时，我的思念也随之到了有你的地方。《下雪了你是否安好》“思念宁愿在金秋里与风霜缠绵 / 也不愿意在寒冬中和大地沉眠 / 我将它逐出地之外的苍穹 / 与日月星辰同住 / 它却和漫天飞雪长相厮守 / 共浴乾坤 / 让我的这座城市 / 成为人世间最大的浴缸 / 请问——你在的那座城市 / 也是如此吗”。

爱情有玫瑰花的香气环绕。《你是我见过最美的玫瑰花》里，“你已蔓延到我的心城 / 像无数朵雪白的玫瑰花 / 盛开在我的楼顶墙瓦”。爱情就是这样，只要有了小火苗，就会蔓延的无边无际爱情有月色苍茫的仰望。在《天荒地老》里，“你出城时，我用一轮明月送别”，在那一刻，我猜想明月虽在，月色却苍凉。我久久的望着你的背影，直到见到黎明的曙光。

爱情，也有它圆满的样子。《相见很晚却能长伴》：“在纷繁的城市里 / 遇见你很晚也很短 / 但却可以和你 / 走过千条水 / 跨遍万重山 / 在滚滚红尘中 / 没有机会和你青梅竹马 / 却有时间与你白头到老 / 你不眠我不休”。这首诗里，写出了当下人们的一种爱情愿景。或许，我们都在为生活奔走；或许，我们都在各种围城里固步自封；或许，我们对爱情已经失去了想象的翅膀。可是，如果是对的你，晚点相遇也没关系。青梅竹马的爱情，让人心生羡慕。可是，爱情本就不只是一种模样。无论何时，无论何地，只要能够相遇，相伴，只要能够执子之手与子偕老，那就是爱情最美的样子。

后 记

“虽然你（我）在终点等我（你），但我（你）要经过无数个非终点的站，才能走到终点与你（我）相遇，最终白头到老。”这是我用情诗“没有机会和你青梅竹马，却有时间与你白头到老。”对现在爱情的理解。虽然“青梅竹马”到“白头到老”的爱情年代已经过去，但彼此不是“青梅竹马”到“白头到老”的爱情是存在的。

现在几乎没有从一而终的爱情，但还是有爱的那个人，不管他（她）是在过去，还是现在，或者未来，他（她）都会住进你心里。

爱就是这样，爱情也是这样。不管时代怎么发展，世界如何变化，时间岁月如何流逝，但爱情的话题是永恒的，爱情故事是最美的。所以，我们时代的爱情，应该有我们时代的歌唱倾述和记录表达。

《我在贵州等你》爱城系列情诗就是想在现在的时代下记录、倾述、表达我们现在的爱情声音和愿景。如《爱城·城就是思念》“我在这座城市的记忆\便是你留给我的思念。”

《我在贵州等你》爱城系列情诗以“城市”为背景题材，因为城市是我们当代生活环境的主要标志，具有时代感。并以“思念”为主题，思念一个人或者想念一个人一般都会在深夜，所以我的情诗大多数也是在夜晚写的，并且在夜深人静的时候想念的那个人才是你最爱的那个人，不管你是否拥有过他（她），是否失去了他（她），他（她）是否在你身边，你都想和他（她）谈一场地老天荒的恋爱。正如我创作的情诗：《爱城·很想走进你的世界》“很想走进你的世界\哪怕是出来的时候浑身沾满思念”、《爱城·在最美的年华遇见你》“在最美的年华遇见你\是我们前世种下的花朵\你为我花开\我为你花落"一样。这样无怨无悔的爱一个人，无怨无悔的想念一个人……

《我在贵州等你》爱城系列情诗出版后，将思考新的创作方向，将丰富、深化、升华爱城系列情诗的创作模式、风格，提高创作水平和能力，写出广大网友和读者喜爱的爱情诗歌。

熊江睿

2018年1月18日